# 겨울 아이가 온다

강사랑 제3시집

시사랑음악사랑

## 아이디어 은행 같은 시인 강사랑

누구나 어떤 주제가 있을 때 글을 쓰기 시작한다. 문학인이 글을 쓸 때는 지성을 기반으로 하는 정서적, 신비적 이미지로 자신을 들어내는 일이면서도 독자로 하여금 공감대를 형성하는 일이다. 소설가, 수필가처럼 장문의 글을 먼저 접한 시인에게서 흔히 볼 수 있는 현상은 내용을 설명하면서 스토리를 만들려 하는 것이 특징이다. 추상성이 적절히 가미된 모더니즘적 수법으로 인간에 대한 애정의 표현을 시대에 맞게 표현하는 시인은 흔치가 않다. 간결하고 감각적인 조사와 신선미 넘치는 이미저리의 서술 기법으로 자연의 섭리와 인간 내면의 세계를 상징적으로 조화시켜 놓은 작품들을 보여주려 노력하는 시인이 진정한 시인일 것이다. 강사랑 시인은 그런 능력과 자질을 겸비한 시인이다.

강사랑 시인은 문화 예술성이 뛰어나고 창의력 또한 남다르다. 문학 이외의 다른 활동으로는 화가 이기도 하다. 처음 강사랑 시인의 그림을 보고 깜짝 놀란 적이 있다. 화자 역시 그림을 그리기에 어느 정도의 실력인가는 알 수 있기에 그러했을 것이다. 그 외도 음악 관련해서도 취미로 활동 중이라고 한다. 참으로 문화예술을 삶에 적절히 녹여 자신만의 세계를 그림으로 표현하다 부족한 부분을 문학으로 완성하는 보기 드문 예술가다.

강사랑 시인의 작품을 정독하다 보면 자주 등장하는 인물이 사랑하는 딸이다. 그리고 자신을 울타리가 되어주는 남편이 등장인물로 자주 나오지만, 강사랑 시인의 가장 멋진 능력은 모든 사물과의 대화에서 나오는

줄거리일 것이다. 어느 한 것에 편협되지 않고 자연과 인간의 삶에 대한 고찰과 즐거움, 슬픔 그리고 애정까지를 작품에서 볼 수 있다. 몇 년 전부터는 하쿠라는 반려견에 대한 사랑도 엿 볼 수가 있는 아주 폭 넓은 시적 표현을 볼 수가 있는 재주가 많은 시인이다.

강사랑 시인의 첫 시집 "겨울 등대" 두 번째 시집 "꽃이 오는 길에 봄이 핀다"에 이어 제3 시집 "겨울 아이가 온다"로 독자와 만나기 위해 세상 밖으로 문을 열고 나온다. 제3 시집에서는 큐알코드를 이용해서 그의 작품을 노래로 들을 기회까지 주어진다. 현시대를 잘 파악하고 독자가 원하는 것이 무엇인지까지를 고민하면서 창작하는 시인 독자에게 새로운 트랜드를 보여주면서 그만의 작품을 만들어 어떤 작품은 시 낭송으로 어떤 작품은 시 노래로 함께 감상할 기회를 주고 있는 시인이 쓴 詩는 어떤 작품일까 하는 궁금증으로 감상할 수 있는 시집 "겨울 아이가 온다." 시집을 추천한다.

(사)창작문학예술인협의회 부이사장 박영애

## 시인의 말

보물 1호

"생물이라서
사랑하는 것이다"

그 아이의 보물은 살아 있는 거
하얀 털의 흰둥이 안고 있으면 콩닥콩닥 뛰는 심장에
따뜻함을 느끼고 하쿠밥(사료)을 먹는 모습에 까르르
웃음 짓고
하루 한 번 건강한 응가에 기쁨이 늘 녹아나는 사랑
이다

<u>살아있는 것에 관심을 가지면</u>
<u>가르쳐 주지 않은 사랑을 알게 된다</u>
<u>무지한 순수를 길들이다 보면</u>
<u>소꿉놀이로 어른이 되어가는 아이의 진심이 담겨 있다</u>
<u>아이는 생물 인형 보물 1호를 사랑한다</u>

이번 3집 "겨울 아이가 온다"에서는 사랑하는 딸 유진이의 보물상자가 되어주길
바라는 마음으로 진이의 보물 하쿠를 담아 본다
아이에게 엄마가 해 줄 수 있는 것은 그 아이가 소중히 여기는 것을
더 사랑하는 것이라는 걸 작은 아이의 심장을 느끼면서 큰 사랑을 배운다.
그리고 행복이 무엇인가를 가르쳐 준 아이.
행복은 지금 이 자리 곁에 머물러 있는 것에
소중함을 느끼는 것이고 생각한다.

시인 강사랑

(QR코드) 스마트폰으로 QR 코드를 스캔하면
시노래와 시낭송을 감상할 수 있습니다

 제목 : 물안개

 제목 : 해바라기

 제목 : 연정

 제목 : 나무이고 싶다

 제목 : 갱년기

 제목 : 위스키와 춤을

 제목 : 와인을 마신다
시낭송 : 조한직

 제목 : 별주부전

 제목 : 방황

 제목 : 타오른다

 제목 : 참새의 속삭임

 제목 : 악마의 웃음(와인)

 제목 : 토마토

 제목 : 놀부 심보

 제목 : 그렇게 좋아

 제목 : 겨울 소년이 온다

 제목 : 꽃이 된 남자

 제목 : 프로포즈

 제목 : 만찬을 위한 노래

 제목 : 얼굴
시낭송 : 최명자

 제목 : 사랑꾼

 제목 : 겨울밤 그려진 얼굴

 제목 : 너에게로 간다

 제목 : 비애(悲愛)

 제목 : 콜라 주세요

 제목 : 세상에서 제 일 하쿠

 제목 : 믿는 도끼가

 제목 : 5월 예찬

 제목 : 5월 예찬
시낭송 : 최명자

 제목 : 마음
시낭송 : 박영애

 제목 : 알리오 올리오
요술램프

 제목 : 잔소리

 제목 : 참 예쁘다 너는

 제목 : 4월의 춘곤증

 제목 : 행복 탈출기

 제목 : 나무의 꿈

 제목 : 미친 세상이야

 제목 : 4월의 장마

 제목 : 우리 손 잡아요

 제목 : 그리움 잔원(潺湲)하다

 제목 : 오이도 연가

 제목 : 타임머신

 제목 : 아버지와 노래
시낭송 : 조한직

 제목 : 어머니의 청춘
시낭송 : 박영애

 제목 : 설빔
시낭송 : 최명자

 제목 : 여름 감자
시낭송 : 조한직

 제목 : 좋은 아빠
시낭송 : 박남숙

 제목 : 엄마 우리 엄마

 제목 : 아버지의 지우개

 제목 : She's beautiful

 제목 : 우중(雨中) 연가

 제목 : 라면송

 시노래 모음 1

 시노래 모음 2

 시노래 모음 3

 시노래 모음 4

영상은 YouTube 정책 또는 운영 관리에 따라 삭제될 수도 있습니다.

시인은 자연을 이야기하고 시낭송가는 자연을 품었다
글자는 날개를 달아 언어로 날고 소리는 자연에 눕는다

# 1부 겨울 아이가 온다

물안개 ······ 16
해바라기 ······ 17
연정 ······ 18
나무이고 싶다 ······ 19
갱년기 ······ 20
위스키와 춤을 ······ 21
와인을 마신다 ······ 22
하루 ······ 23
소녀 ······ 24
소년 ······ 25
별주부전 ······ 26
방황 ······ 27
눈사람 ······ 28
그렇게 좋아 ······ 29
타오른다 ······ 30
참새의 속삭임 ······ 32
악마의 웃음(와인) ······ 34
토마토 ······ 36
벙어리장갑 ······ 37
놀부 심보 ······ 38

겨울 소년이 온다 ······ 40
능소화 연정 ······ 42
홍시 하나 ······ 43
꽃이 된 남자(수선화) ······ 44
프로포즈 ······ 45
만찬을 위한 노래 ······ 46
그리움(몽정) ······ 47
눈이 온다 ······ 48
얼굴 ······ 49
찬비가 ······ 50
담쟁이 ······ 52
그렇게 가을은 ······ 53
가을입니다 ······ 54
하늘 바라기 ······ 55
이 하늘 ······ 56
첫눈에 반한 사랑 ······ 57
사랑꾼 ······ 58
겨울밤에 그려진 얼굴 ······ 59
노을 ······ 60
너에게로 간다 ······ 61

## 2부 엄지공주의 행복

하얀 밤 ..................... 64
겨울 왕자 ..................... 65
비애(悲愛) ..................... 66
아가야 봄 소풍 가자 ......... 67
콜라 주세요 ..................... 68
기다림 ..................... 70
봄꽃처럼 예쁜 너 ............ 71
세상에서 제 일 하쿠 ......... 72
엄지 공주의 행복 ............ 74
믿는 도끼가 ..................... 75
5월 예찬 ..................... 76
우산 속으로 ..................... 77
달빛 따라 달린다 (드라이브)...78

내 품에서 잠든 너 ............ 80
봄비 마중 ..................... 81
마음 ..................... 82
좋다 ..................... 83
사랑 바보 ..................... 84
웃음 단비 ..................... 85
알리오 올리오 요술램프 ... 86
잔소리 ..................... 88
참 예쁘다 너는 ............... 90
4월의 춘곤증 ............... 91
꽃과 향기 ..................... 92
행복 탈출기 ..................... 93

## 3부 안부

안부 .................................. 96
코로나19에 갇혀서 ............ 97
물망초 ............................... 98
봄의 폭풍 .......................... 99
신축년 안녕 ..................... 100
쉼표 ................................. 101
떠오르는 태양을 향하여 . 102
3월의 바람 ...................... 104
4월의 장마 ...................... 105
나무의 꿈 ........................ 106

2024.12.3 ........................ 107
비 구경 ............................ 108
미친 세상이야 ................. 110
봄을 잉태하다 ................. 112
2월 .................................. 113
가을 애상(哀想) .............. 114
우리 손 잡아요(담쟁이) ... 115
왼손잡이 .......................... 116

## 4부 타임머신

그리움 잔원(潺援)하다 ... 120
오이도 연가 ... 121
타임머신 ... 122
산수연 ... 124
어머니의 청춘 ... 125
아버지와 노래 ... 126
고향 ... 128
청보리밭 ... 129
설빔 ... 130
오가다 ... 132

봄꽃 설렘 ... 133
여름 감자 ... 134
엄마 우리 엄마 ... 135
좋은 아빠 ... 136
아버지의 지우개 ... 138
She's beautiful ... 139
여름 햇살을 보니 ... 140
그냥 좋다 ... 141
우중(雨中) 연가 ... 142
라면 송 ... 143

# 1부 겨울 아이가 온다

# 물안개

맑은 하늘 바라보며
그려지는 얼굴 하나에
그대를 기억합니다

기억을 잃은 그댄 나를 알지 못하지만
내가 다 기억할게요
보고 싶은 그대 얼굴 보고 있으면
왜 눈물이 날까요

사랑이 짙어지면 입가의 미소보다
눈가에 이슬 맺혀 텅 빈 가슴에 외로움 가득하네요

그대 나를 바라봐요
기억하려고 애쓰지 말아요
내가 다 기억할 테니까요

기쁨이 시작되면 슬픔이 오고
해 뜨면 사라질 물안개처럼
그대 사랑 내 눈에 다 넣을게요
그대를 기억합니다

제목 : 물안개
스마트폰으로 QR 코드를 스캔하면
시노래를 감상할 수 있습니다

You Tube contents 정책에 따라 영상 재생이 안 될 수도 있습니다.

# 해바라기

나는 너를 보면 설레고
너로 인해 웃고
그 웃음으로 에너지가 되는 하루

작은 가슴에서 피어난 불투명한 시간
나의 호흡과 함께 탄생한 너의 호흡
심장 소리 불규칙적으로 울려오면
뿌리에서 줄기 타고 흐르는 물관이
해바라기 꽃으로 피어나네요

해 뜨면 환한 미소로 달려온 해바라기
저녁노을 붉어질 때 이별에 아쉬움 달래며
나는 너의 주위를 사부작사부작
맴돌다가 너에게 스며들어요

구름을 헤집고 다시 떠오를 아침 해를 기다리며
해바라기 꽃잎도 쉬어 잠을 자네요
sun flower

제목 : 해바라기
스마트폰으로 QR 코드를 스캔하면
시노래를 감상할 수 있습니다
You Tube contents 정책에 따라 영상 재생이 안 될 수도 있습니다.

# 연정

4월에 피는 여린 잎새는
꽃보다 아름다운 연둣빛 물오름이네

풋사랑의 촉촉한 입술의 느낌으로
상큼한 연애를 하네

사랑하면서도
사랑을 그리워하는 것은
봄 안에 떨림이 되는
연두의 미소가 있기 때문이죠

봄 햇살이 머무는 정오에
4월의 실루엣을 바라보면
아직은 솜털이 몽글몽글하고
젖살이 오동통한 그녀에게 빠지고 말아요

제목 : 연정
스마트폰으로 QR 코드를 스캔하면
시노래를 감상할 수 있습니다
You Tube contents 정책에 따라 영상 재생이 안 될 수도 있습니다.

# 나무이고 싶다

나무이고 싶다
오늘 같이 슬픈 날엔
움직임도 없이
그냥 가만히 바람과 햇살만 느끼고 싶어

움직여야 살 수 있는 짐승에 울부짖음보다는
한자리 한 자세로 눈동자의 초점도 없이
멍하니 소리 없이 하늘만 바라보고 싶어

내가 누구에게 의지하기보다는
나를 의지하는 내가 그의 버팀목 되어
더 큰 사랑을 주고 싶은 마음
흔들림 없는 곧게 선 나무

나는 나무이고 싶다

나보다 슬픔이 더 많은 너를 안을 수 있는
바다와 같은 마음으로
널 지켜주고 싶어
나는 널 지키는 당산나무이련다

제목 : 나무이고 싶다
스마트폰으로 QR 코드를 스캔하면
시노래를 감상할 수 있습니다

You Tube contents 정책에 따라 영상 재생이 안 될 수도 있습니다.

## 갱년기

살아 있는 것에는 슬픔이 있고
살아 있는 것에는 바라는 게 있고

문득 그리운 젊음에
설움이 나를 슬프게 하네요

더웠다가 추웠다가
여름이었다 겨울이었다
왔다 갔다
벗었다 입었다
정신없는 하루가 혼이 쏙 빠지네요

가슴은 답답하고 얼굴 볼그레 낮부터 취한 듯
심장은 눈치코치 없이 아무 때나 나와서
사랑 빠진 소녀의 모습으로
착각하게 만드는 얇아진 그녀 심장

오늘도 갱년기 이름 석 자 품고
말 없는 벽을 향해 소리 한 번 질러보며
다시 숨을 쉬네요

제목 : 갱년기
스마트폰으로 QR 코드를 스캔하면
시노래를 감상할 수 있습니다
You Tube contents 정책에 따라 영상 재생이 안 될 수도 있습니다.

# 위스키와 춤을

가을 나무가 붉은 술을 빨아들이킨다
조금씩 조금씩
뿌리에서 가지 끝에 매달린 이파리까지
물을 잔뜩 먹었다

윗동네부터 단풍이 물들어 오기 시작하면
빨갛게 물든 뒷산 앞산이
벌써 구름을 타며
너는 옷을 벗고
홍조가 된 나를 휘감고
빙글빙글 왔다갔다
애드벌룬 타고 위스키와 춤을 추네요

너와 연애는 짧다
아름답도록
눈부시도록
눈물나도록

위스키 한 잔의 붉은 유혹은
혀끝으로 느끼는 감각이 깨어나면
바람이 스치고 지나간 자리에
빈 잔에 입술 자국만 외롭게 떨고 있네요

제목 : 위스키와 춤을
스마트폰으로 QR 코드를 스캔하면
시노래를 감상할 수 있습니다

You Tube contents 정책에 따라 영상 재생이 안 될 수도 있습니다.

## 와인을 마신다

진실의 잔에서 끓고 있는
악마의 거짓 된 붉은 웃음을 마신다

잘 익은 포도 한 알 한 알
인간의 모든 욕망을
숙성시킨 후
판도라의 상자처럼 오크통이 열리면
인간의 모든 감정이 튀어나온다

생명수처럼 다가와
후각으로 마취시키고
혀끝의 달콤함으로
나의 혈을 타고
머리에서 발 끝까지
악마의 포로가 되어
신비로운 시간 여행을 떠난다

잠이 오지 않는 밤엔
악마의 유혹 속으로 빠진다

제목 : 와인을 마신다
시낭송 : 조한직
스마트폰으로 QR 코드를 스캔하면
시낭송을 감상할 수 있습니다
You Tube contents 정책에 따라 영상 재생이 안 될 수도 있습니다.

# 하루

"사랑해"
라는 한 마디에
심장 버튼이 자동화 되어
스위치가 켜진다

오늘 사랑하며
하루에게 달려가면
사랑이 행복을 낳는다

사랑을 생각하면 좋은 생각이 되고
좋은 생각은 늘 힘이 되어 내 사랑을 더 기쁘게 한다

기쁨이 되는 하루
사랑을 할 수 있는 하루
달달한 하루에 빠진다

## 소녀

투명함이다
버들강아지의 부드러운 솜털이다
아침에 웃는 나팔꽃처럼
나에게 영광을 주는 숨소리다
눈에는 눈물 가득 담고
입가에는 함박웃음 크게 터지는
순수함의 결정체이다

# 소년

부끄러움이다
바라만 봐도 볼그레 지는 빛
달빛에 나와 피는 달맞이꽃처럼
조용히 웃는 소리다
눈에는 별빛 가득 담고
입가에는 침묵으로
오직 사랑 하나만 지키는
파수꾼이다

## 별주부전

용왕님의 병을 낫게 하려고
육지에서 토끼를 잡아 왔으나
그 간을 놓고 왔다 하여
별주부 어이할꼬 어이해

나의 심장은 벌써 밖으로 나와서
이러쿵저러쿵 요동친다
나와 내 심장이 따로 있으니
내 심장 뛰어서 어데로 가는가?
혹 갈 곳 몰라
그대 못 찾고 방황하진 않은지

토끼가 간을 빼었다 넣었다 하니
내 심장도 그를 생각하면
밖으로 나왔다 들어갔다
내 것도 내 마음대로 못하는데
어찌 너를 내 안에 넣을 수 있겠는가?

사랑 때문에 심장이 울고
사랑 때문에 심장이 뛰고
살기 위해 심장을 밖에 빼놓을 수밖에
토끼가 간을 빼놓은 것처럼
그렇게 사랑한다

제목 : 별주부전
스마트폰으로 QR 코드를 스캔하면
시노래를 감상할 수 있습니다
You Tube contents 정책에 따라 영상 재생이 안 될 수도 있습니다.

# 방황

갈 곳 몰라 헤매다가
이유 없이 홀로 있다는 마음 하나는
외로움이다

풀 한 포기 없는 바람 차가운 겨울에
꽃이 보고 싶어 내 마음 더욱
애처롭게 떠돈다

초록빛 가득할 때
피어난 개망초 한 아름

사랑한다는 그 한마디도 못하고
방황하는 외로움이
쓸쓸히 노을에 젖으며 조용히
사랑을 부른다

내가 왜 방황하는가
그건 단지
외로움에 발이 달린 사람인 이유이다

제목 : 방황
스마트폰으로 QR 코드를 스캔하면
시노래를 감상할 수 있습니다
You Tube contents 정책에 따라 영상 재생이 안 될 수도 있습니다.

## 눈사람

그해 겨울
사랑도 보고픔도 그리움도 모두
얼어버렸다

냉철한 머리
차가운 가슴
온기 없는 사람이다

추워야 살고
봄 햇살에 죽는 사람

눈 많이 내리는 날
그 동심 그 웃음
다 주리라 약속해 놓고
긴긴밤 12월 동짓날
홀로이 겨울밤 지새운다

# 그렇게 좋아

그렇게 좋아
보면 볼수록 빠져드는 내 사랑
함께 있어도 보고 싶은 내 자기
여보야

그렇게 좋아
노래하고 춤추자
젊어서 놀자
꽃동이 이리 와라
꽃순이 춤춘다

첫사랑을 느끼는 그 달달함은
오직 당신만을 향하고 있어요
심장이 당신을 향하고 있으면
어느새 입가에는 야릇한 웃음이 춤을 추고

호주머니 안에 금화를 가득 채운 기쁨으로
내 안에도 당신을 가득 채워서
그렇게 좋아

제목 : 그렇게 좋아
스마트폰으로 QR 코드를 스캔하면
시노래를 감상할 수 있습니다
You Tube contents 정책에 따라 영상 재생이 안 될 수도 있습니다.

# 타오른다

앗 뜨거뜨거 너무 뜨거워
붉은 태양이 떠오른다
매워, 매워 너무 매워
내 속에서 활화산이 터져 버렸어

입안 가득 오물오물
내 안에서 터져버린 이 맛은
알싸한 캡사이신에 정신 못 차리는
다른 행성의 맛이야
앗 뜨거뜨거 너무 뜨거워
내 속에서 활화산이 터져 버렸어

평범한 지구의 맛은 아니야
중력의 힘도 없이 붕붕 뜨고
산소도 부족하리만큼 숨이 차고
별들과 부딪힐 만큼 아찔함이야
앗 뜨거뜨거 너무 뜨거워
내 속에서 활화산이 터져 버렸어

이마에서 등줄기로 흐르는 땀은
청양고추의 엄청난 화력
앗 뜨거뜨거 너무 뜨거
내 속에서 활화산이 터져 버렸어

제목 : 타오른다
스마트폰으로 QR 코드를 스캔하면
시노래를 감상할 수 있습니다
You Tube contents 정책에 따라 영상 재생이 안 될 수도 있습니다.

## 참새의 속삭임

참새 째액짹
이른 아침부터
조잘 조잘 재잘 재잘 짹
아침부터 저녁까지
소소한 일상을 너에게 떠들어 대는 소리

째액짹
마냥 즐겁고 행복해
모든 걸 다 가진 것 같아
마음도 열고 날개를 펴
하루를 채우는 새벽 노래

방앗간 못 지나치는 참새처럼
나도 널 그냥 지날칠 수 없어
심쿵 심쿵
심장이 뛰는 소리
바람을 타고 너에게로 간다

골목길 속 작은 나무 아래
니가 있을 것 같은 상상 속에
멈춰서는 내 발걸음은
너를 향해가는 모험의 시작
짹짹 짝짝 노래를 부르며
니 곁에 내 마음도 춤을 춰
참새처럼 자유롭게 속삭이고 싶어

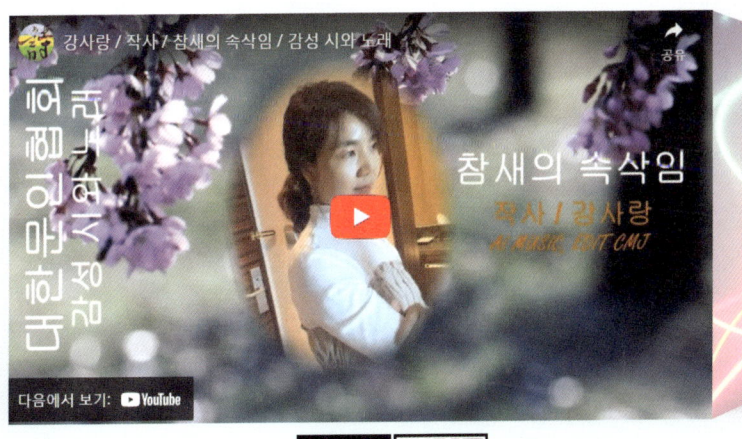

제목 : 참새의 속삭임

스마트폰으로 QR 코드를 스캔하면
시노래를 감상할 수 있습니다

You Tube contents 정책에 따라 영상 재생이 안 될 수도 있습니다.

## 악마의 웃음(와인)

You are my sunshine

당신은 나를 시인으로 만들죠
시로 사는 세상
시향에 젖어 당신에 젖어
그리움을 마시며 기다리는 시간

당신은 나의 태양
당신은 나만의 꽃
애송이 사랑으로 내 심장은 뛰며
그의 포로가 되어버리죠

You are my sunshine
You are my flower

밤하늘 달이 뜨고 별들이 춤추면
나에게 와 주세요
사뿐사뿐 즐거운 걸음으로 오세요
붉은 심장이 내 입술에 닿으면
나는 낭만 시인 되어 우주를 다 가질 수 있네요

당신은 나의 슬픔

당신은 나의 기쁨

애송이 사랑으로 내 심장 뛰며

그의 포로가 되어버리죠


You are my sorrow

You are my joy

제목 : 악마의 웃음(와인)

스마트폰으로 QR 코드를 스캔하면
시노래를 감상할 수 있습니다

You Tube contents 정책에 따라 영상 재생이 안 될 수도 있습니다.

# 토마토

토마토 토마토
파릇한 야채 샐러드 노는 곳에
빨간 토마토가 추는 춤은 섹시해

앞으로 봐도 토마토
뒤로 봐도 토마토
요리 보고 저리 봐도
변함없는 내 사랑

채소일까 과일일까
아내일까 애인일까
그의 심장에 활력을 넣어 주고
젊음을 붙잡아 주니
양귀비보다 더 예뻐서
사랑하지 않을 수 없네요

팔색조로 변한
새콤달콤 토마토는
핑거스틱 빵에 빨간 주스로
소시지 감싼 핫도그에 빨간 케찹으로
내 남편을 사랑하네요
섹시한 토마토가

제목 : 토마토
스마트폰으로 QR 코드를 스캔하면
시노래를 감상할 수 있습니다
You Tube contents 정책에 따라 영상 재생이 안 될 수도 있습니다.

# 벙어리장갑

봄, 여름, 가을 동안
서랍 속이 얼마나 답답했는지
벙어리장갑은 첫눈과 함께
아이의 마음이 되어
이 세상을 그 안에 모두 담고
하얀 세상을 만든다

동글동글 눈덩이를 굴려
겨울 친구 눈사람을 만들고
찬바람 불어오는 날엔
따뜻한 벗 되어
겨울 이야기로 자리 잡는다

어린 벙어리장갑 속으로
용기를 다짐하는 주먹 두 개는
세상 두려울 것도 없이 당당하다

사랑한다는 말 한마디 못하는
벙어리장갑은
밤이 깊어지는 오늘도
꿈꾸는 겨울 아이로 동심을 전한다

# 놀부 심보

놀부가 박을 타네
사랑은 니 것 내 맘에 숨을 쉬고
관심은 내 것 내 눈에 니가 있어
사랑을 받으면 난 희망을 심고
나의 관심은 너에게 꿈을 주네

사랑이 아프면 내가 울고
관심이 아프면 니가 울어
흘러가는 이 마음의 선율이
너와 내가 우리로 이어지네

너는 나에게 사랑 주면서
행복한 별을 채워 내고
나는 너에게 관심 주면서
밝은 해 웃음 채워 내고

내 마음 빈틈없이 널 채우면
넌 날 가져가
놀부 심보로 욕심을 가져
사랑과 관심으로 우리 놀부 되어
사랑 다 다 가져 가져라
놀부네 박 터졌네

사랑 다 다 가져 가져라
놀부네 박 터졌네

제목 : 놀부 심보
스마트폰으로 QR 코드를 스캔하면
시노래를 감상할 수 있습니다
You Tube contents 정책에 따라 영상 재생이 안 될 수도 있습니다.

## 겨울 소년이 온다

사르륵 사르륵
겨울이 춤추고
온 세상을 덮는 눈의 향기
차가운 바람 속 태어난 널
겨울 소년이 여기로 온다

어디에선가 새하얀 노래를 부르면
손 안 가득 눈꽃을 안아와
텅 빈 밤길 포근히 밝히며
겨울 소년이 찾아온다

눈꽃처럼 고요하게
웃음 짓던 소년의 눈동자
투명한 별빛
그저 바라보던 세상이 멈추고
겨울 속 사랑이 피어난다

어디에선가 새하얀 노래를 부르면
손 안 가득 눈꽃을 안아와
텅 빈 밤길 포근히 밝히며
겨울 소년이 찾아온다

얼음꽃의 춤
찬바람 속에서도 도는 희망
허전한 마음 채워주는 온기
겨울 소년이 내게 와 준다

제목 : 겨울 소년이 온다
스마트폰으로 QR 코드를 스캔하면
시노래를 감상할 수 있습니다
You Tube contents 정책에 따라 영상 재생이 안 될 수도 있습니다.

## 능소화 연정

부드러운 바람결에 꽃잎 흔들리더니
담 너머로 부르는 님의 이름

오늘 바람일까 내일 바람일까
기다리다 기다리다
매일 밤 눈물로 피는 능소화
해맑게 웃고 있는 웃음에 슬픔이 가득하다

다시는 오지 않은 그 바람을 기다리는
능소화의 여린 잎이 떨어질 때
장마는 시작되리라

굵은 빗줄기는 그녀 울음소리마저 삼키고
늦게 떠오르는 태양 앞에 어설픈 몸짓으로
꽃잎 떨어진 풀잎 위에 이슬 깨운다

# 홍시 하나

하늘은 높고 푸르고
새들은 평화롭게 날고
꽃들은 향기 진하게 품어대고
가을 들판은 넉넉하고
메뚜기도 다람쥐도 농부도
모두 공존하겠다며 많은 욕심 부리지 않고
딱 필요한 만큼만 곳간 채우는 시월에
나보다 먼저 탯줄 끊은 감나무가
주는 선물
잘 익은 홍시 하나

# 꽃이 된 남자(수선화)

나르키소스여
허풍 허세 당당해져라

아침에 거울을 본다
나처럼 잘생긴 사람 없어
내가 못하는 일 없어

하늘은 높고 바다는 깊어
내가 다 가질 거야
나는 못하는 거 없으니까
나만 믿어 이 오빠만 믿어
난 못하는 거 없으니까
위풍당당 뻔뻔해져라

호수에 비친 나를 본다
이렇게 예쁜 꽃 세상에 없어
별이라고 생각하는 허풍 당당
꽃대 높은 꽃을 보라
위풍당당 꽃이 된 남자

제목 : 꽃이 된 남자
스마트폰으로 QR 코드를 스캔하면
시노래를 감상할 수 있습니다
You Tube contents 정책에 따라 영상 재생이 안 될 수도 있습니다.

# 프로포즈

너,
딱 10년만 내 거해라
10년 후도 지금처럼
계절은 변해도
너는 변하지도 늙지도 말아라

너,
또 10년만 내가 지켜 줄게
10년 후도 오늘처럼
날씨는 변해도
나는 한결같이 너를 지켜 줄게

너,
그다음 10년 함께하자
우리가 만든 이 세상
평화로운 색칠을 위해
함께해야만 하는 너와 나
반쪽끼리 만나
우리 하나 되자

나, 너랑 결혼하고 싶어

제목 : 프로포즈
스마트폰으로 QR 코드를 스캔하면
시노래를 감상할 수 있습니다
You Tube contents 정책에 따라 영상 재생이 안 될 수도 있습니다

# 만찬을 위한 노래

아련한 불빛 흔들리면
꽃향기가 그를 유혹하고
만찬을 위한 노래를 부르네요

스테이크 통가지 튀김과
붉은 악마의 피 흔들리는 잔에
입술을 가까이하면
구름 타고 하늘 나는 꿈을 꾸네요

아련한 불빛 촉촉이 젖어
최고의 만찬으로 밤은 깊어 지고
만찬을 위한 노래를 부르네요

스테이크 고추 냉이 소라찜과
붉은 악마의 피 흔들리는 잔에
입술을 가까이하면
구름 타고 하늘을 나는 꿈을 꾸네요

제목 : 만찬을 위한 노래
스마트폰으로 QR 코드를 스캔하면
시노래를 감상할 수 있습니다
You Tube contents 정책에 따라 영상 재생이 안 될 수도 있습니다.

## 그리움(몽정)

그리운 얼굴을 두개골로 눌러 놨더니
눈 감으면 보이는 얼굴이 되었습니다

기억으로 사는 법을 남자는 압니다
남자가 여자를 사랑할 때
그리움을 가슴으로 찍어내는 거죠

그리움이 머리에서 흘러 내려오면
그 끝자리는 사랑으로 마침표를 찍게 됩니다

이유 없이 흘린 하얀 눈물
가슴이 그리움을 안으면 남자는 웁니다

# 눈이 온다

세상에
어제 그토록 매몰차게 냉정하더니
오늘 이토록 예쁘게 단장하고 오려고
그랬나 보네
이 아침 커다란 창밖으로 보이는 낭만은 첫눈이련가?

아파트 지붕에 나뭇잎 없는 빈 가지 위에
놀이터 마당 위에 겨울 풍경이 내 눈에 가득 쌓인다

눈이 내린다
눈이 온다
내 사랑도 내린다
내 님이 온다

첫눈이 내 첫사랑처럼 온다
해 뜨면 사라지는 첫눈
눈뜨면 잊히는 첫사랑

# 얼굴

내 거인데
내 거가 아니었네요

내 얼굴은 당신 거예요
내가 웃으면 당신은 행복하고
내가 슬프면 당신은 아프네요

나보다 당신이 더 많이 보는 내 얼굴
내 얼굴보다 당신 얼굴을 더 많이 바라보기 때문에
당신은 내 거입니다

당신을 위해
거울 앞에서 웃음을 불러 봅니다
당신의 행복이라면서
곱게 화장합니다

하루에 용기를 주며
당신 거에 욕심을 가져봅니다

제목 : 얼굴
시낭송 : 최명자
스마트폰으로 QR 코드를 스캔하면
시낭송을 감상할 수 있습니다

You Tube contents 정책에 따라 영상 재생이 안 될 수도 있습니다.

## 찬비가

겨울비가 내 머릴 적셔와
바람이 가슴을 깊이 파고
체온은 내려가 얼음처럼 차가워
겨울의 시작을 찬비로 알린다

난로를 켜도 코트를 잡아도
구멍 난 심장은 허공을 다독여
양초 알 불빛도 내 온기를 못 채워
춥고도 야속한 이 계절 속의 나

겨울에 제일 따듯한 건
당신의 심장 그 온기입니다
겨울비 내린 이 계절에도
당신만 있으면 봄이 옵니다

핫팩 쥐고 온몸을 감싸도
빈자리 가득 찬 서늘한 공기 속
겨울비는 내 옷 뒤로 숨어들어
내 심장을 차갑게 합니다

혹여,
당신의 손이 닿는다면
눈 속의 꽃이 피듯 내 맘 녹겠지요
멈춘 이 시간을 뜨겁게 하는
당신과 함께라면 겨울비에도 봄이 옵니다

# 담쟁이

그 꽃나무에 담쟁이가 오른다
천천히 느리게 급한 것도 없이
그대 몸을 휘감고
봄에서 여름까지
아침부터 정오까지
대화의 창을 열고
햇살을 한가득 받고
빗줄기에 몸을 씻고
푸르름을 한껏 자랑한다

그대 심장 소리에 촉을 세우며
오뚝한 코 도톰한 귓불 더 진한 눈썹
야무진 입술 따뜻한 가슴을
오감으로 더듬으며
꽃보다 더 예쁘게 푸른 꽃이 된다

작은 이파리에 너와 첫사랑 입맞춤 되고
더 많은 이파리에 추억으로
그리움이 되는 가을을 만든다

가을 달빛에 담쟁이의 뜨거운 불꽃이
붉은 밤과 함께 그림자 지운다

## 그렇게 가을은


가을은 시작부터 이별을 알고
마음을 닫고 바람 속에 살고
빨간 단풍 노란빛
나뭇잎에 휘감긴 바람이 벌써 겨울에 있네

가을은 말도 없이 이별하더니
빈 가지 위에 추억만 남기고
낙엽 되어버린 사랑 끝에
쓸쓸함만 가득히 머물러 있네

숨이 짧아 눈물 나는 계절
슬퍼서 더 아름다운 계절
가을 단풍 사랑만 받고
떨어져도 찬란히 빛나네요

꽃보다 짧은 단풍의 운명
머물지도 못하고 사라진 숙명
바람 속에 춤을 추며
빈 가지에 거짓된 허상만 남기고
추억마저 덧없이 흘러가네요

찡그린 하늘에 눈물 지나면
가을 사랑이 겨울로 태어나네요

## 가을입니다

아침 바람이 선선하니
그늘진 곳 그 어디에 돗자리만 깔아도
휴식처가 되는
가을입니다.

하늘이 높고 맑으니
"둥 둥 퐁신 퐁신" 구름이 너무 예쁜
가을입니다

마음이 울적하고 허전한 것이
채워도 채워지지 않고
비워도 비워지지 않는
가을입니다

그대가 옆에 있는데
그리움이 사무쳐 오니
가을입니다.

"밥 잘 챙겨 먹어. 감기 조심해라" 라는 안부가
가을이네요

# 하늘 바라기

뭉게구름 속에
무지개
숨겨 놓고
그린나래 펼치라 하고

햇무리구름 속에
눈송이
숨겨 놓고
도담 도담 토닥여 주고

새털구름 속에
해님
숨겨 놓고
가온누리 되라 한다

매지구름 속에
빗방울
숨겨 놓고
온새미로 살라 한다

숨이 다 한 계절이 쉬어 가는 마루에서
하늘바라기 하며 다소니 기다린다

# 이 하늘

먹구름 흘려보내고
하늘 우는 혼란스러운 천둥소리로 태어난
이 하늘이어라

푸른 바다 꿈꾸며
별빛 찬란하게
밤바다에 모두 쏟아내는 가슴앓이로
바다 알갱이들을 모아 구름을 잉태하고
찬엄한 아침 햇살로 이 하늘 다시 솟아오르니
춤추는 파란빛 은은한 노래로 사랑하리라

흐르고 흘러가는 구름 인생은
변한 듯 변함없는
잡힐 듯 잡히지 않는 바람처럼
이 자리에 머무는 것은 허공이라

어제의 그 하늘 없고
오늘 숨 주었던 하늘 또한
잡을 수 없이 비에 젖는다

## 첫눈에 반한 사랑

줌으로 널 끌어당긴다
한 눈으로 널 바라봤을 때
내 가슴에 널 찍었다

너는 꽃이요
너는 하늘이요
너는 나무이며
너의 아름다움을 내 눈에 다 넣어
심장 깊숙이 숨겨 놓고
어쩌다 생각이 나면
그때 또 한 번 꺼내본다

셔터를 누르며 빛을 너에게 보내면
화들짝 놀란 나는 그 순간
아름다운 시간을 멈추게 할 수 있다

뷰파인더로 보는 세상에는
또 다른 나를 담을 수 있는 소우주가 있다

# 사랑꾼

너밖에 몰라
너 하나의 사랑
나의 끝 사~랑

나의 여보 여보 사랑해요
당신에게 고마워요

나의 마음속에
당신의 집을 짓고 예쁜 사랑으로
채워지며 살아가는 하루는 내 세상이죠
세상에 단 하나밖에 없는 예쁜 사랑
나는 예쁜 사랑꾼 예쁜 사랑꾼
나는 사랑꾼

당신만을 사랑해요
당신에게 고마워요
나의 예쁜 사랑이에요

제목 : 사랑꾼
스마트폰으로 QR 코드를 스캔하면
시노래를 감상할 수 있습니다
You Tube contents 정책에 따라 영상 재생이 안 될 수도 있습니다.

# 겨울밤에 그려진 얼굴

밤 커피에 잠은 오지 않고
달빛은 구름 속에 숨어
오갈 곳 없는 바람만 방황하는 깊은 겨울밤
생각나지 않은 얼굴 생각하고 있네요

고요한 겨울밤
어둠 속에 찾아야 하는 나의 사람
창가에 비친 내 모습에 빠져서
실루엣 가물거리는 너를 바라보네요

깊어지는 겨울밤
모두가 잠든 밤에 잠들지 않은
아련한 불빛에 흔들리는 얼굴 하나
꾸벅꾸벅 초침 떨구는 탁상시계 모습이
측은지심을 불러 내 심장 울리네요

그리움 가득한 겨울밤
몽당연필은 하얀 백지 위에
몽글몽글 그의 향기 피워내며
발자국 남기며 멀어지고 있어요

제목 : 겨울밤 그려진 얼굴
스마트폰으로 QR 코드를 스캔하면
시노래를 감상할 수 있습니다

You Tube contents 정책에 따라 영상 재생이 안 될 수도 있습니다.

# 노을

입체적인 하루를
시간 평면도형으로 펼치면
덜 익은 청춘과 여물어 간 청춘을 볼 수 있다

바다로 달려가는 아침이
저녁노을로 스멀스멀 물들어 가는 하루

어쩌면 산다는 것은
핏빛으로 허공을 잠들게 하고
누구나 한 번쯤
허공을 날갯짓하는 불새들처럼
태양을 향해 질주하는
25시 새가 되기를 프레임 속에서 꿈꾼다

내 시간을 그리는 노을이
적혈구의 파편으로 부서지듯
정열의 사랑으로
태양과 함께 불타는 젊음이 바다에 빠진다

# 너에게로 간다

눈송이가 몽올, 몽올 예쁘게 내리면
그리움은 꽃잎처럼 붉게 물들고
눈 오는 밤을 따뜻함으로
어둠을 덮어버리는 우리 사랑이련다

별들도 잠을 자고 달빛도 쉬는 날
너와 함께 있는 것만으로도 행복해
이 하얀 겨울밤 너에게로 가련다

사각, 사각 반짝이는 눈길을 걸으며
가슴으로 녹여 주는 따뜻함이
어둠을 덮어버리는 우리 사랑이련다

별들도 잠을 자고 달빛도 쉬는 날
너와 함께 있는 것만으로도 행복해
이 하얀 겨울밤 너에게로 가련다

제목 : 너에게로 간다
스마트폰으로 QR 코드를 스캔하면
시노래를 감상할 수 있습니다
You Tube contents 정책에 따라 영상 재생이 안 될 수도 있습니다

# 2부 엄지공주의 행복

# 하얀 밤

사그락사그락
눈꽃이 내려와
하늘과 땅 사이 밤안개였나 봐

하얀 밤 굴뚝 연기 피어올라
그 안에 평화가 조용히 자고
여우의 울음도 멈춘 이 순간
사냥꾼은 이제야 말을 잃었다

여우가 삼킨 건 사랑의 그림자
눈꽃 덮인 세상 색은 모두 사라져
하얀 침대 위에 쌓인 꿈의 창은
새벽이 되면 해가 또다시 부른다

눈꽃 바다에
우리가 뛰어들면
이 길을 물들이는 건 우리 발자국
하얀 숨결이 허공으로 흘러가
눈꽃으로 세상을 하얗게 덮는다

# 겨울 왕자

이상하게 끌리는 묘한 힘은 어디서 오는 걸까?
바라보면 볼수록 더 깊이 빠져들어
허우적거리면 거릴수록 더 빠져드니
겨울 왕궁 문 열고 나온
겨울 왕자님.
사랑받기 위해 태어나
어쩌다 간절한 눈빛과 마주쳐서
사랑하게 되고
사랑만 받아도 모자란
우리 겨울 왕자님, 하쿠
엄지공주의 행복, 하쿠
12월 18일 생일 축하해
사는 동안 사랑만 받기를

# 비애(悲愛)

깊은 사랑 눈가에 맺힌 눈물
그 아이만 생각하면
눈물이 나는 건 왜일까요

설익은 사랑에
가슴앓이로 지새운 밤
생각 없는데
생각이 만들어지는 얕은 모습

사랑이 오면
이별이 아프지 않게
조금만 사랑할게요

눈물에 빠진 사랑
변함없도록 그 아이를 지킬게요
조금만 아주 조금만 사랑할게요

제목 : 비애(悲愛)
스마트폰으로 QR 코드를 스캔하면
시노래를 감상할 수 있습니다

You Tube contents 정책에 따라 영상 재생이 안 될 수도 있습니다.

# 아가야 봄 소풍 가자

투명한 봄 햇살에 너무도 가슴 아려
눈물 나오려 할 때
너는 호수 되어
내 눈물 다 받아 준다

아가야
우리 봄 소풍 가자

진달래 개나리도
어서 오라 손짓하며 활짝 웃는다

봄이 오고 가고
꽃은 피고 지고
우리 아가 잘도 걷는다

벚꽃잎 흰 눈 날리듯 너의 웃음 날아와
가슴에 새겨 놓고
봄이 간다

## 콜라 주세요

콜라가 좋아
우유 싫어 싫어
보약 싫어 싫어
콜라 콜라가 좋아

달달하게 톡 쏘는 그 맛
새침한 그녀 같아
콜라 주세요 콜라 마실 거야
너를 마시는 이 순간
막힌 속이 시원해져

콜라 주세요 콜라 마실 거야
캔을 따는 그 소리마저
나를 기분 좋게 해
시원하게 목을 적셔주는
지금 당장 행복하게 해 줄
콜라 한 모금이 필요해

얼음 가득 넣어 마시는 콜라에
기분이 날아갈 듯해
불량식품이라 하는데
난 괜찮아 너도 괜찮아
내 몸에 흡수되는 너

탄산 속의 작은 거품들
내 심장을 콕콕 찌르는 느낌
콜라 주세요 콜라 마실 거야
나쁜 아이의 특징. 어쩌겠어
그 톡 쏘는 맛에 이미 빠져있는 나인 걸

제목 : 콜라 주세요
스마트폰으로 QR 코드를 스캔하면
시노래를 감상할 수 있습니다
You Tube contents 정책에 따라 영상 재생이 안 될 수도 있습니다.

# 기다림

기다림은 또 다른 나를 길들이는 것이다

하루는 누군가에 의해 이렇게 길들여져 가고
길들이지 못하고 방황하는 하루는 외로움이다

너를 생각하는 시간
서쪽 하늘 노을이 뾰족이 얼굴은 내밀면
커피 향이 모작 모작 타들어 가듯
기다리는 나의 마음도
그처럼 향기를 품어내며
그대가 오는 길목으로 내 몸은 기울어진다

## 봄꽃처럼 예쁜 너

황사가 걷히고
모처럼 마알간 햇살에
방긋하며 봄꽃이 인사한다

너도 봄꽃이 되어
노오란 개나리 옷을 입고
나에게 미소 보낸다

반짝이는 벚꽃잎들이 만들어 준
터널을 지나면
봄바람과 함께 그리움이 눈 시도록
흩날려 내 코끝에 머문다

봄꽃처럼 예쁜 너와 함께
이야기 줄을 탄다

# 세상에서 제 일 하쿠

한 강아지의 콩닥콩닥 뛰는 숨결을 느끼고
꼬리 살랑살랑 흔드는 행동에 녹아버리고
퐁신퐁신 부드러운 포근함을 안으면
너는 온전히 내게로 스며와
하루의 기쁨이 된다

하쿠 하쿠 이름 하나에 별명 수없이 많아
숨 쉬는 "산소통"
겁 많아서 "야생 먹거리"
가족의 중심 "핵"
작고 소중해서 "작고소"

보고 있으면 예뻐 예뻐
잠깐 떨어져 있으면 그리움이
허공에 맴돌아 가슴이 운다

반했다
울 애기
세상에서 제 일 하쿠

제목 : 세상에서 제 일 하쿠
스마트폰으로 QR 코드를 스캔하면
시노래를 감상할 수 있습니다
You Tube contents 정책에 따라 영상 재생이 안 될 수도 있습니다.

\* 하쿠
먹는 것이 너무 좋아 약도 잘 먹어요
제일 좋아하는 음식은 사료! 하쿠의 배꼽시계는 알람시계보다 정확하답니다
좋아하는 것은 신나게 산책하고 따뜻한 물에서 노곤노곤 스파하기!
누나가 물려준 애착인형인 헬로키티에게 산책가기 전에
다녀온다고 잊지 않고 인사해요
악어를 단숨에 제압할 정도로 용감하지만 모기는 무서워요
잠은 폭신한 이불에서만 자는 것이 하쿠의 철칙
잘 자고 일어난 하쿠는 오늘도 씩씩하게 당근 뽑으러 갑니다

# 엄지 공주의 행복

나는 그 아이를 엄지 공주라 부르기로 했다. 태어날 때도 작았고 지금도 작고 앞으로도 작은 아이. 그 작은 아이의 웃음이 되는 건 3.5킬로 털북숭이 말티즈 하쿠다.
하쿠만 바라보면 웃음이 피어나고 가진 것 하나 없어도 다 가진 것처럼 행복을 부른다.
그래서 나는 그 작은 강아지 하쿠를 인디언의 이름으로 "엄지 공주의 행복"이라 부른다.
시간은 결코 행복을 기다려 주지 않는다.
지금 작은 행복을 접고 훗날 더 큰 행복을 생각한다는 건 잡을 수 없는 허공에 뿌려진 낱글자일 뿐이다.

어느 날 엄지 공주에게 "너는 행복할 때가 언제니?"하고 물어보니 "응~나는 하쿠랑 있을 때가 젤 행복해." 그 말을 들었을 때 나는 깨달았다.
이 아이의 행복. 지금이다.

지금 이 행복을 놓치게 되면 눈물이 그 작은 심장에서 울 것 같은 예감이 나의 머리를 스칠 때 바다로 향했다. 넓은 바다를 보고 해야 할 일이 생각나듯 다시 일어섰다. 나는 등대니까 불을 밝히자.
지금 막 피고 있는 봄 꽃잎 위에서 평화롭게 따스한 햇살을 받는 엄지공주와 그 행복을 위해 사랑하겠다.

# 믿는 도끼가

믿었던 도끼에게 내 발등이 찍혔네요
그 순간 나는 악몽을 꾸는 듯했어
순진한 눈빛은 어딘가로 사라져
맹수 같은 그림자가 내 곁에 머물러 있네요

아낌없이 준 사랑의 온기
피 흐르는 손끝 발끝에 새긴 기억이
이젠 두려움으로 가슴에 가득하네요

달빛 아래 잠든 너의 모습에
너무 가여워 측은지심 불러
냉정해야 하는 마음이 무너져 내려와
상처가 아파 슬프지만
너에게 차갑게 대해야 하는 마음이
더더욱 아프게 하네요

제목 : 믿는 도끼가
스마트폰으로 QR 코드를 스캔하면
시노래를 감상할 수 있습니다
You Tube contents 정책에 따라 영상 재생이 안 될 수도 있습니다.

# 5월 예찬

5월은 소년의 얼굴을 닮았어요
여린 잎과 자라난 나뭇가지가
지나가는 바람에 날갯짓하면
나무 향기가 걸음을 멈추게 하네요

융프라우의 얼음꽃이 녹아내려
에메랄드빛 물결이 춤을 추듯
아이들은 해맑게 쑥쑥 자라고
어른은 아이처럼 다시 꿈을 꾸는
5월 초록의 행복이네요

아이의 웃음처럼 평온하고 맑은 세상
하늘과 땅 사이 바람이 노래하면
5월 안에서 초록은 살찌며
장미꽃으로 열정을 피워내는 사랑이네요

소풍 놀이 좋은 계절
당신과 함께
초록 길에 이야기 씨를 뿌려요

제목 : 5월 예찬
시낭송 : 최명자
스마트폰으로 QR 코드를 스캔하면
시낭송, 시노래를 감상할 수 있습니다

You Tube contents 정책에 따라 영상 재생이 안 될 수도 있습니다.

## 우산 속으로

비가 내리는 아침이다
7월의 초록이 더욱 싱그럽다
너와 내가 한 우산 속에서
빗소리 듣고 있다
너는 무슨 생각 할까?
나는 너를 안고만 있어도 좋다

내 품에 안겨 있는 너의 행복
비가 와도 바람 불어도 눈이 내려도
함께 있는 이 사랑이 너무도 예쁘다

## 달빛 따라 달린다 (드라이브)

그 아이는 달빛을 좋아한다
온화하고 잔잔한 달빛
약간의 형태만 볼 수 있는 그런 빛

해가 있는 낮에는
마치 땅속 두더지가 해 가시에 찔리기라도 하듯
밖으로 절대 나오질 않는다
갓 태어난 아기 제비처럼 눈을 뜰 수가 없다

초승달 반달 보름달
어떤 형태의 달이든 그냥 달빛이 좋은 아이

달빛과 별빛 그리고 가로등이 켜지면
밖으로 나가고 싶은 아이
도곤도곤 심장이 뛰는 하쿠를 안고
달빛 여행을 한다
이 보물들을 태우고 달리다 보면
저녁노을은 익어가고
내 아이는 어느새 행복에 빠져 있다
마냥 좋고 그냥 좋고 그 좋음엔 이유가 없다

잔잔한 빛 따뜻한 온기
또 규칙적으로 뛰는 심장을 느끼고 있을 때
뜨거운 눈물이 보석으로 빛난다

눈이 부셔 눈을 뜰 수 없는 아기 제비에게
약초로 쓴다는 애기똥풀을 바르면
반짝이는 눈망울을 갖고 하늘을 날며
지지배배 지지배배 노래한다

## 내 품에서 잠든 너

비구름 잔뜩 몰려와
밖으로 나가지도 못하는데
외출하자며 칭얼대는 너를 안고
둥개 둥개 했더니
어느새 내 품에서 사르르 잠들었다

새근새근 잠든 모습에
들숨 날숨이 꼬소해서 입맞춤하고 싶고
팔베개에 팔도 저려 오는데
너의 곤한 잠 깨우기 싫어서
나는 나무가 되어 있다

## 봄비 마중

예쁜 임이 오신다기에
노란 우산 하나 들고 봄 마중 갑니다

시가 되고
그림이 되는 풍경을 한 아름 안고
소리 없이 사뿐사뿐 걸어오십니다

봄 바구니에 쑥과 냉이를 가득 담고
해맑은 미소 한가득 담아 오십니다

진달래와 개나리를 닮아
가녀린 몸이지만
오시는 임 반기려 커다란 목련을 피웠습니다

노란 우산 살며시 감추고
먼 길 오신 임을 온몸으로 맞이하면
설렘에 순간의 행복은 기쁨의 눈물 되어
소리 없이 대지의 깊은 곳까지 적십니다

내일은 온 세상에 봄꽃이 만발할 것 같습니다

# 마음

마음 안에 내가 있고
내 안에 마음 있어
그 마음 외로운 나그네라 할 수 있을까?

마음에 비가 오고 눈이 오고 바람 불어도
꽃이 피면 마음이 쉴 수 있는 집을 지어야겠다

나보다 먼저 가야 하는 마음
흐르지 않는 피를 흘리며 상처가 나도
눈물 없이 울어야 하는 내 마음을
토닥토닥 다독여 줘야겠다

늘 지쳐 위로받지 못한 마음이
나의 주인이 될 수 있도록
내 마음에 푸른 씨앗 하나 심어 주자

이 땅에 떨어진 육체 하나 끌고 가기 위한
내 마음에 가장 예쁜 생각을 주고 싶다

제목 : 마음
시낭송 : 박영애
스마트폰으로 QR 코드를 스캔하면
시낭송을 감상할 수 있습니다
You Tube contents 정책에 따라 영상 재생이 안 될 수도 있습니다.

# 좋다

그냥 이유 없이 나는 니가 좋다
그냥 좋다
보고만 있어도 웃음이 나고
보고만 있어도 안아보고 싶어서
그냥 좋다

이 햇살 이 바람 이 기분
4월의 봄이 참 좋다
너와 함께한 이 순간 모든 것이
좋다
봄 냉이가 꽃을 피웠고
노란 민들레꽃 홀씨 되고
논두렁 밭두렁에 쑥이 땅을 뚫고
천지가 푸르르니 보고만 있어도
참 좋다

사랑이라는 말보다 더 한 말이 있으면
그걸 너에게 주고 싶다
이렇게 좋으니 안 먹어도 배부르고 힘이 되어
나 살아갈 수 있어

좋은 것은 눈물을 만든다는데
그 눈물 때문에 좋아하는 널 포기할 수 없다

## 사랑 바보

눈이 멀었다
너에게

기다리고
이해하고
배려하고

너 앞에선 바보가 된다

# 웃음 단비

아무 이유 없이
너만 보면 웃음이 피어 나와

세월에 어린 웃음 다 말라가는데
니가 와서 웃음의 단비가 되어 주네
너 없이 무슨 이유로 살았을지
상상도 안돼. 존재의 이유야

너로 인해
웃음이 저절로 나와
웃음 단비가 되어 촉촉한 웃음이
집 안 가득 차올라

삭은 말 한마디도 기적 같아
니가 빚어낸 세상이 찬란하잖아

어떤 날이든 너만 있다면
메마른 날에도 텅 빈 하늘에도
무지개가 피어나

### 알리오 올리오 요술램프

내 소원 들어줘. 제발
알리오 올리오 진
알리오 올리오 진

사랑이라는 거
눈으로 보기에 너무 눈부시고
입으로 마음을 표현할 말이 없어
과격하게 죽어 쓰러지는 말을 내뱉고는
"또 죽어버린다"
이 정도의 말로도 사랑이 부족하여
눈물이 가슴을 울리네

눈물이 가슴을 적시는 건 왜일까
옆에 있어도 보고 싶고 아까운 나의 사랑
너무 가슴 아프게 하는 내 안의 사람아
알리오 올리오 진 소원을 들어줘
그냥 사랑만 할 수 있게

어제의 수많은 빗방울과 바람 새기고
오늘 그 많은 햇살 촉으로 피워내는
요술램프에서 피어나는 숨 꽂이
알리오 올리오 진
그냥 사랑만 할 수 있게

제목 : 알리오 올리오 요술램프
스마트폰으로 QR 코드를 스캔하면
시노래를 감상할 수 있습니다

You Tube contents 정책에 따라 영상 재생이 안 될 수도 있습니다.

## 잔소리

젊음아 멈추어버려라
내 청춘아 제발 가지 말아라

세월은 모든 거
다 먹는 잡식성이야
나의 아름다움도 나의 초록 빛깔도
다 흡입해버린 뚱보 세월이 미워 미워
그래도 나에게 숨을 주는 이 순간인데
밉지만 어쩔 수 없어
울며 겨자를 먹는다
울며 사탕을 먹는다
울며 세월을 먹는다
go go 가는 것을 먹는다

세월에 나를 빼앗긴 것이
아이가 엄마에게 잔소리로 가르치네

군것질 좀 그만해라
그것도 모르냐?
아까 가르쳐 줬잖아
몰라? 뭐해? 어디 가? 누구 만나?
울며 겨자를 먹는다
울며 사탕을 먹는다
울며 세월을 먹는다
go go 가는 것을 먹는다

아이가 자랄 때는 엄마가
바른 소리로 가르치려 하고
다 자란 아이는 엄마를 걱정하며
잔소리로 어른이 되어간다

제목 : 잔소리
스마트폰으로 QR 코드를 스캔하면
시노래를 감상할 수 있습니다
You Tube contents 정책에 따라 영상 재생이 안 될 수도 있습니다.

### 참 예쁘다 너는

참 예쁘다 너는
눈부신 꽃잎 같아
향기마저 달콤해서 숨쉬기 어려워
너를 바라볼 때마다 세상이 멈춘 듯해

찡그린 얼굴조차도 미소 짓게 만들어
너의 손끝에 담긴 모든 것 나를 흔들어
조그만 손안에 담긴 것 같아

참 예쁘다 너는
심장이 벅차올라
너를 볼 때마다 눈물이 고여 운다
가슴이 터질 듯 너에게 빠져들어
그저 너만 있으면 모든 게 좋아진다

빛나는 눈동자 속에 빠져들어
너의 목소리에 세상은 단숨에 녹아
네 향기에 나는 취해만 간다

세상이 준 선물 같아
너라서 가능한 이 순간 특별해
기적이라 부를게

제목 : 참 예쁘다 너는
스마트폰으로 QR 코드를 스캔하면
시노래를 감상할 수 있습니다

You Tube contents 정책에 따라 영상 재생이 안 될 수도 있습니다.

## 4월의 춘곤증

4월의 햇살은 부드럽게 비춰
작은 천사 하쿠가 다가와
귀여운 눈빛으로 나를 바라봐
예뻐 예뻐 예뻐 죽겠네

작은 천사가 내 옆에 있네
그저 보는 것만으로도 행복해
하쿠야 너는 내 하루의 위로야

패드 위에서 장난치고
쉬하고 우유 달라면 눈빛을 반짝인다
작은 발로 놀자며 물건 물고 와 바닥에 누워
나를 웃게 해
예뻐 예뻐 예뻐 죽겠네

작은 천사가 내 옆에 있네
그저 보는 것만으로도 행복해
하쿠야 너는 내 하루의 위로야

하품 늘어지게 하며 잠에 빠져
그 모습 천사 같아 나도 멍하니 봐
작은 숨결 지켜보며 느껴지는 온기
4월의 오후가 평화롭다

제목 : 4월의 춘곤증
스마트폰으로 QR 코드를 스캔하면
시노래를 감상할 수 있습니다
You Tube contents 정책에 따라 영상 재생이 안 될 수도 있습니다

## 꽃과 향기

너는 내가 바라보는 꽃
내 눈 속의 빛나는 별빛
바람 불어도 무너질 것 같아도
널 지킬 향기가 여기에 있어

사랑의 향기니까 널 빛내
세상에서 가장 아름다운 것 너야
내 숨결 속 향기 닿으면
우린 끝없이 함께할 거야

먹구름 몰려와도 어둠이 내려도
내 마음엔 언제나 니가 있어
땅 위 모든 꽃들이 질 때에도
난 여전히 내 향기로 너를 감싸

너는 나의 영원한 꽃
너에게 끝없는 향기로 니 곁에 머무를 거야

# 행복 탈출기

행복이 가출한 날
내 마음 멍해지더니
슬픔이 가슴에 퍼지더라
거짓된 웃음만 남아 날 속이고
진짜 행복이 도대체 뭔지 몰라

햇살 아래 바람 따라 흔들리며
행복 찾아 저 멀리 떠돌았지만
내게 남은 이 순간을 붙들고서
나를 살게 해줘 이젠 정말
행복이 뭔지 몰라

울어야 하는 이 마음
외롭게 방황하고 있어

웃음 좋아 보였던 그 기억 속
빈 껍데기처럼 허전함 속에
내 곁에 머문 기억은
행복아 왜 자꾸 떠나려 하는가

붙잡고 싶고 함께 있고 싶은
나의 진실된 행복은 지금 어디에

제목 : 행복 탈출기
스마트폰으로 QR 코드를 스캔하면
시노래를 감상할 수 있습니다
You Tube contents 정책에 따라 영상 재생이 안 될 수도 있습니다.

# 3부 안부

## 안부

옆에 있어도 멀리 있는 것처럼
멀리 있어도 내 옆에 있는 것처럼
"잘 있냐? 마스크 꼭 해라."
눈에 보이지도 않은 바이러스 하나가
서로의 안부를 챙긴다

## 코로나19에 갇혀서

세상은 침묵의 어두움에 갇혀서
숨 또한 소리 내지 않고
안부를 묻는다

지난 겨울바람이 싣고 온
바이러스가 겨울과 봄 사이 칸을 친다

봄아 너에게 가지 못한 마음
더욱 애처롭다

나는 열쇠도 없는 곳에 갇혀서
너와의 입맞춤을 그리워하고
깊은 계곡 자갈에 부딪혀 흐리는
하얀 얼음 소리를 그리워한다

어제의 사소하고 하찮은 것이
오늘은 눈물겹도록 가슴에 아린다

허공을 떠돌던 그리움들이
지워지지 않고 꽃으로 피어나
향기로 피어나길 소망한다

## 물망초

당신을 잊을 수 없어요
당신의 향기는 늘 내게 머물러 있어요

내가 당신을 못 잊는 건
당신은 나의 내일입니다
나를 잊는다고 하지 말아요

보랏빛 꽃잎에 사랑 속삭였고
달빛 보며 걸어갔었죠
살랑이는 바람마저도 멈춰 섰지요
우리 사랑 앞에서

당신은 오직 나만 사랑했어요
나를 절대 잊지 말아요

내가 당신을 못 잊나 봐요
살랑이는 바람마저도 멈춰 섰지요
우리의 사랑 앞에서
당신을 잊을 수 없어요

## 봄의 폭풍

호수에 물결이 출렁이니
어수선하다
물결 잠재우려 잡으려 하지만
더 출렁인다
그냥
침묵하라
입김도 불어 넣지 말라
스스로 고요해질 수 있도록 가만두어라

### 신축년 안녕

세상이 시끄럽다
하늘 문이 닫힐 것 같은 침묵이다
마스크로 입을 닫고 숨을 죽이며
아쉬움 없이 경자년이 간다

발도 없이 날개도 없고 소리도 없는
코로나19가 경자년을 옭아매었지만
이제 정신을 차리고 2021 신축년을 맞이하자

호흡하는 기운에는 분명
봄빛이 숨 쉬고 있으려니
기대되는 하루는 새 나라의 어린이
동심으로 깨끗해지는 새해
너도, 나도 모두 우리 되어 심장에 등불을 켜자

아침에 설탕을 듬뿍 넣어 마신 커피의 향으로
멈춰진 시간에 태엽을 감고
입술을 닫고 조용한 아기 숨으로
마스크를 한 하루가
큰 숨 내뱉으며 달빛에 사위어간다

내일은 해가 뜬다
희망이 뜬다
내 사랑이 뜬다

# 쉼표

사람과 사람 만나는 일이 일상이라고 하면
내가 나를 찾는 일은 휴식이라 할 수 있겠어요

열심히 달려온 당신
오늘은 휴식을 가져보세요

나를 찾아 떠나는 여행
혼자만의 공간과 시간에 빠지는 일이
진정 자연치유입니다

코로나19가 준 선물은
아무도 대신할 수 없는 내 안으로 여행을 하는 것입니다

나의 독백
혼자 있는 것은 외로움이 아니라는 걸
자유는 소리칩니다

쉼표에서는 숨 쉬는 것입니다

## 떠오르는 태양을 향하여

내가 당신을 얼마나 그리워하는지
당신은 아시지요?

인연으로 시작된
당신과 나의 사소한 삶이
참으로 귀한 보물이 되고 말았습니다

세상에 하찮은 인연 없고
가치 없는 물건 없듯
내가 당신을 그리워하는 시간 또한
헛되지 않았습니다
모래알 같은 그리움의 추억이 쌓여
따뜻한 가슴을 가진 당신의 숨소리 들을 수 있으니까요

당신은 비단옷을 갈아입고
사랑 고백을 합니다
그대의 사랑 고백을 용기 있게 받겠습니다
내 품에 당신이 있다는 건
삶이겠지요

하루는 행복을 꿈꾸고
꿈꾸는 하루는 내일입니다

당신의 나의 숨입니다
고맙습니다. 코로나19 극복하며
또다시 새로운 얼굴 보여주는 태양이여!

임인년 검은 호랑이의 기세로
좀 더 당당하게
좀 더 자유롭게
"숨"처럼 귀하게 당신을 맞이하겠습니다

## 3월의 바람

한반도의 서풍과 동풍이
밀고 당기며 멈추지 않은 바람 속에
나의 심장은 밖으로 나와 심하게 흔들리고 있다

갑자기 흔들리는 도시의 빌딩 그리고
동쪽 바람의 기세가 높아지니
문풍지에서 가느다란 하늬바람의 울음소리
가슴 휭하다

서쪽 하늘 새벽 별빛 하나가
희미하게 잠들어 갈 때
새 아침은 더욱 어둡다

3월 바람이 잠시 멈추고
미세먼지 사이의 햇살은
봄을 동행하며 문 앞에 와 있었다

쓸쓸한 봄맞이지만
미소 짓는 봄 햇빛을 보며
꽃 피울 준비를 해야지 않겠는가?

# 4월의 장마

세월 깊은 바닷속 빗소리
창문을 두드려 부서지는 물방울
분노와 한숨들 아픔 속 기억을
흘러가는 젊음 위에 남기네요

그대여 울어라 이 빗물이 되어
비가 대지를 살리기 위해서라면
눈물 또한 그대 마음을 살리기 위함이다

대지를 살리는 건 삶의 이유 같아
죽은 자는 아무것도 몰라
살아있는 자만 알 수 있는
아픔 속의 숨은 진실을
슬픔은 살아 있는 자의 몫이라 했네

눈물 한 방울에도 맺힌 기억들
비처럼 흐르는 마음의 고백이
그가 살아 있는 증거라 말하네

아픔도 희망으로 피어날 테니
살아있는 증거 눈물로 적셔라
그대여 울어라 이 빗물 되어

제목 : 4월의 장마
스마트폰으로 QR 코드를 스캔하면
시노래를 감상할 수 있습니다

You Tube contents 정책에 따라 영상 재생이 안 될 수도 있습니다.

# 나무의 꿈

Dream of a tree
바람이 오고 햇살이 다녀간 사이
나무 물관에는 벌써 봄이 자리하네요

뼛속까지 시렸던 어제를 잊고
겨울나무는 봄에게 집중할 때
열정은 하늘을 열고
잃었던 청춘은 엷게 나이테를 그리며

꽃이 피는 것은
봄이 주는 선물
Dream Dream

봄은 마른 나뭇가지마다
반짝이는 별을 선물하고
잎이 없는 뿌리에게
귓속말로 사랑을 속삭이네

나무의 꿈은 봄
산이 되어보리란 마음으로
먼 길 찾아온 계절을 품고

너는 나무
꿈이 있는 나무이기에 봄이 희망입니다
Dream of a tree

제목 : 나무의 꿈
스마트폰으로 QR 코드를 스캔하면
시노래를 감상할 수 있습니다
You Tube contents 정책에 따라 영상 재생이 안 될 수도 있습니다.

### 2024.12.3

한양 가신 오라버니 소식도 없고
나뭇잎만 우수수 떨어집니다. 오빠 생각

전쟁 중에 끌려가신 그 고개를
한 많은 미아리 고개
살아 있는지 소식이라도 전해주오. 한 많은 대동강

12월 3일 슬픈 노래가 가슴을 울려
평화가 깨지는 소리가 들려왔다.

어제의 사소한 농담이 눈물이 되는
사랑은 평화, 만남, 生, 善
이별은 전쟁, 슬픔, 死, 惡
민주주의 자유에서 사랑이 떠나고
이별이 주인 되려 했던 순간이다
전쟁을 경험하지 못한 우리 세대
전쟁이 다녀갔다.
이것은 역사의 증거

# 비 구경

비가 많이 내린다
샛바람* 불어오는 작은 흙더미가 물마* 된다
숫구멍 열린 갓난이 볼에도 눈물 흘러내린다

작달비는 성난 비
그칠 줄 모르는 가녀스런 비를
2023 하늘 갓 쓴 구나방*은 모주망태*되어
되모시* 품속에서 알근*하다

작달비가 심하게 소쿠라져서* 방죽이 무너졌다
개미들이 둥둥 떠가는 모습들을
"아, 나 보고 어쩌란 말이냐~"
하늘에 구멍 난 물노릇*에 구나방은 되술래잡고*
개미 방죽이 무너진 것에 분대질*하며 알심* 없다

물초*가 된 개미의 한숨 떠돌아 자닝하고*
멈춘 숨이 미리내* 건너가는
대궁 그림자 만귀잠잠하다

모지락스럽게* 내린 비에 갓모자* 흔적 없어
2023 여름 하늘 돋을볕*에도 그저 시드럽다

〈우리말 해석〉
* 샛바람 : 동풍
* 물마 : 비가 많이 와서 땅 위에 넘치는 물
* 구나방 : 언행이 모질고 사나운 사람의 별명(독재자)
* 모주망태 : 술을 늘 대중없이 많이 먹는 사람
* 되모시 : 이혼하고 쳐녀 행사하는 사람
* 알근 : 술에 취해 꽁꽁하다
* 소쿠라치다 : 아주 빠른 물결이 굽이쳐 용솟음치다
* 물노릇 : 물을 다루는 일
* 되술래잡다 : 잘못을 빌어야 할 사람이 도리어 남을 나무란다
* 분대질 : 남을 괴롭게하여 분란을 일으키는 것
* 알심 : 동정하는 마음
* 물초 : 온통 물에 젖은 상태
* 자닝하다 : 약한 자의 참혹한 모양이 애처러워 차마 보기 어렵다
* 미리내 : 은하수
* 모지락스럽다 : 거세고 매우 모질다
* 갓모자 : 갓의 양태 위로 우뚝 솟은 부분
* 돋을 볕 : 처음으로 솟아 오르는 햇빛

## 미친 세상이야

미친 세상이야
눈이 내려온다
봄에 꽃 피고
바로 또 죽는다

하늘이 빛나지도 울지도 않네
단군의 정신 어디로 갔나

미쳤다 세상아 돌아 돌아버려
우리 아이들아 어찌 살아가나
꽃은 피고 지고 다시 피어나도
한숨만 깊어져
평온함이 어디 있나

나라가 망했다
숨결이 막힌다
못 살겠다는 소리 여기저기 들린다

망나니의 칼자루 다시 빼앗아
평화를 찾아야 우리가 산다

미쳤다 세상아 돌아 돌아버려
우리 아이들아 어찌 살아가나
꽃은 피고 지고 또다시 피어나도
한숨만 깊어져
평온함 어디 있나

미치지 않은 자가 미친 자로부터 칼을 뺏어야만
평화가 돌아온다
정의가 바로 서야
꽃이 만발해
이 땅에 진정한 봄을 맞이하리

제목 : 미친 세상이야
스마트폰으로 QR 코드를 스캔하면
시노래를 감상할 수 있습니다
You Tube contents 정책에 따라 영상 재생이 안 될 수도 있습니다.

## 봄을 잉태하다

3월 아침에 봄볕이 옷을 벗고
하늘도 세수하고 소풍 나왔습니다

모처럼 시력을 되찾은 봄눈이
살구꽃이랑 매화 앵두꽃에게
입맞춤으로 잠을 깨웁니다

꽃이 피면 봄이 오고
봄이 오면 너는
살빛으로 하루를 에워싸며
행복으로 잉태한 사랑에
황홀한 기적의 하루를 열어 줍니다

3월 하루는
그 어느 바람도 닿지 않는
봄 처녀 봉긋한 가슴처럼
설렘은 피어나고
아가의 젖줄인 어미의 가슴에선
내일의 문이 열립니다

## 2월

팔삭둥이로 달을 채우지 못하고
태어난 2월은
늘 안타까움과 아쉬움이다

겨울도 아니고 봄도 아닌
모자람만 듬뿍 안고 있는 2월이다
까칠한 성격에 늘 불만투성이고
눈이 내려도 반겨주는 이 없고
바람 불어 봄을 일으켜 세워도
꽃은 피지 않는다

열두 형제 중
제일 못난 자식이지만
그래도 어미 품속에서는 없어서는 안 될
보물 중 보물이라 2월 호흡이 귀하다

부족하다 욕하지 마라
2월 안에 숨 쉬는 정월 대보름 달빛이
온 세상을 다 밝혀주는 등불이 되리란다

## 가을 애상(哀想)

가을은 쉼표도 찍을 곳 없다
비가 와도 바람 불어도
뭐 그리 바쁜지
단풍 사랑도 잠시,
제자리가 어디인지 모르지만
다시 처음으로 돌아가듯
소복소복 쌓인 앞마당에 낙엽이 구슬프다

눈물 없이 가을이 간다

가을이 떠난 자리
아버지가 마당 쓸던 빗자루
모지랑비* 되어 홀로 서 있다

* 모지랑비 : 끝이 다 닳아서 무디어진 비

# 우리 손 잡아요(담쟁이)

당신 손잡아도 될까요
용기 없지만 용기 내어 손 내밀어 봅니다

하늘 별을 따기 위해
구름 위에 앉아보기 위해
더 가까이 태양을 보기 위해
올라가야만 하는 우리 손 잡아도 될까요

격려와 위로로 응원하며
급할 것도 없이
당신은 내 손 잡고
우리는 당신에 손잡아도 될까요

서로 도움이 되며 살아가는 세상 만들기에
우리는 손 잡고
우리는 한마음으로
자유를 향해 손을 잡아요

제목 : 우리 손 잡아요
스마트폰으로 QR 코드를 스캔하면
시노래를 감상할 수 있습니다
You Tube contents 정책에 따라 영상 재생이 안 될 수도 있습니다.

# 왼손잡이

왼손으로 밥숟가락 잡아
왼손으로 연필을 움직여 봐
팔씨름도 왼팔이 더 강해
삽질도 왼손 설거지도 왼손으로 척척

옛날엔 왼손잡이는 바보라 했고
배우지 못한 습관이라 조롱당했지
오른손잡이가 옳다고 말할 때
얼굴 내밀지도 못한 왼손잡이의
서러운 세월이야

왼손잡이면 어때 당당하게 살아
내가 가는 길이 무슨 잘못이 있나
왼손이 옳은 걸 힘껏 얘기해 봐
기죽지 말고 소리쳐라
나를 비추는 빛이 더 밝아지잖아

왼손잡이는 오른손을 무시하지 않아
두 손 합쳐 세상은 더 밝아져
힘은 나누는 게 아니고 합쳐야 해

한 몸에서 왼손 오른손 누가 옳으냐
다툴 시간 없어
이 아름다운 시간 다 가고 말아
아직도 오른손잡이만 옳다고 하는
유연성 없는 사람들아
흐르는 방향으로 흘러라

# 4부 타임머신

# 그리움 잔원(潺援)하다

주르륵 주르륵
눈물이 흐르네요
잊혀지지 않은 사람
생각하면 생각할수록
눈물이 흐르네요

우수수 우수수
가슴이 먼저 우네요
가을 낙엽이 떨어지듯
그리움과 추억이
가슴으로 흐르네요

달빛에 흔들리는 설움이
호수에 출렁이며
종이배는 바람을 싣고
저 멀리 떠나가네요

그리움은 물 따라 낙엽 따라
시간 타고 그대 마음속으로
흘러가네요

제목 : 그리움 잔원(潺援)하다
스마트폰으로 QR 코드를 스캔하면
시노래를 감상할 수 있습니다

You Tube contents 정책에 따라 영상 재생이 안 될 수도 있습니다.

# 오이도 연가

서해 바다를 품에 안고
참가리비 구워 먹던 추억은
오이도 연가더라

너와 나 뚝길 걸으면
저 멀리 수평선에는
젊은 태양이 홍시 되고
우리는 부른다
오이도 연가를 부른다

어둠은 바다를 휘감고
밤 별들은 내려와
빨간 등대에 불 밝히면
불어오는 하늬바람에
나의 입술은 너의 가슴을 붙잡고
노래한다

바다는 시간을 가득 채워서
진주알 같은 사랑으로 반짝이면
너와 나 우리는 노래를 부른다
사랑이 완성된 오이도 연가를 부른다

제목 : 오이도 연가
스마트폰으로 QR 코드를 스캔하면
시노래를 감상할 수 있습니다
You Tube contents 정책에 따라 영상 재생이 안 될 수도 있습니다.

## 타임머신

어린 시절 어깨동무들 그리울 때
눈 감고 바람을 안으면
힘겨웠던 지난날이 웃음으로 오네요

나에게 찾아온 외로움에
때론 힘겨워질 때
타임머신 타고 지나온 세월 속
까까머리 검정 고무신
소년의 모습을 바라보네요

옛 친구들
자치기, 구슬치기, 병정놀이
돌판에 고구마 구워 먹기
냇가에서 물고기 잡기
아름다운 어린 시절 향수에
타임머신 타고 소년을 만나보네요

한 걸음 한 걸음
앞으로 가는 길에 때론

이 자리 멈춰서 뒤돌아보면
마주치는 소년의 눈빛 아른거려

타임머신 타고 어린 나를 위로하면
향수 젖은 밤은 더 깊어지네요

제목 : 타임머신
스마트폰으로 QR 코드를 스캔하면
시노래를 감상할 수 있습니다
You Tube contents 정책에 따라 영상 재생이 안 될 수도 있습니다.

## 산수연

꽃봉오리 나이 스무 살부터
육십 년 시집살이
시부모님 공경하고 자식 넷 돌보는 일상에
차곡차곡 쌓아 둔 추억의 빛바랜 책장입니다

밭두렁 논두렁 길벗 삼아
세월 따라 여기까지 흘러온 인생
어느덧 팔십의 생일파티가
자식들 웃음으로 가득 채웁니다

숨 쉬는 지금 이 순간이
꽃 피는 젤 아름다운 순간
사계절 웃음꽃 만개하시길 소원하며
건강과 행복 가득 담아
사랑합니다. 우리 어머니

시월 하늘 푸른 멋진 날에
산수연 파티가 열립니다

숨 쉬는 지금 이 순간이
푸른색 선명한 청춘입니다.

# 어머니의 청춘

어머니는 추억의 책장을 넘기시며
빛바랜 사진 한 장 속에
당신이 얼마나 젊고 아름다웠는지를
새삼 흐느낍니다

칠십 평생 살아온 날
푸른 하늘 바라볼 틈도 없이
여기에 멈춰서니
어느덧 어린 손주 녀석이
성년이 되어 술 한 잔 마주 부딪힐 날을 꿈 꾸신다

앨범 안에 갇혀 있는 과거의 시간 속에
지금 당신 옆에 없는 옛사람 그리워하며
노을이 그리움처럼 타들어 가는 저녁
당신 아들이 어느덧 그때
그 청춘을 걷고 있습니다

청춘은 눈물을 삭히는 고뇌의 빛깔이며
청춘은 멀리 바라볼 때 비로소
푸르다는 것을 알 수 있듯
당신은 아직도 푸른 잎의 청춘입니다

제목 : 어머니의 청춘
시낭송 : 박영애
스마트폰으로 QR 코드를 스캔하면
시낭송을 감상할 수 있습니다
You Tube contents 정책에 따라 영상 재생이 안 될 수도 있습니다.

## 아버지와 노래

노래 속에 아버지의 삶이 있다
아버지 삶 속에 노래가 있다
노래 한 가락 한 가락이 아버지다

푸른 목장에 젖소 다섯 마리가 새벽을 깨우면
아버지는 양동이에 하얀 희망을 짜냈다
덜컹거리는 비포장도로를
자전거 페달을 밟으며 음표를 달았고
집으로 돌아오시는 아버지의 발걸음엔
내 새끼들 웃음을 빈 우유병에 담았다

아버지는 노래하는 직업을 가진 것도 아닌데
노래를 하시고 노래 속을 걸으셨다
어린 소년 가장의 가난함도 노래로 채우며
젊은 시간의 부서진 아픔도 장구 소리에
설움을 다 담았다

초록 무성한 이파리엔 어느새
흰 눈이 내려앉고
굽어진 가지만 앙상하여
좀처럼 펴지질 않는 늙은 청춘이 되었다

적막한 밤을 소리 없이 씹어 삼키시며
썩지 않을 눈물로 하루를 재우고
말 없는 가르침은 늘
우유 빛깔을 닮으라 하였다

제목 : 아버지와 노래
시낭송 : 조한직
스마트폰으로 QR 코드를 스캔하면
시낭송을 감상할 수 있습니다
You Tube contents 정책에 따라 영상 재생이 안 될 수도 있습니다.

# 고향

과거로 가는 타임머신
고향엔 눈물이 담겨 있다

마음이 애잔해서 서러움이 가슴 먹먹하게 하는 게
고향이다
타향에서도 고향 하늘이 그려질 때면
눈물이 먼저 두 볼에 소금 그림자 만들어 낸다

고향엔 부모님 붉은 청춘이 있다
그 청춘이 아스라이 지나간 시간에 스며들어
내 마음에 묻혔다

눈물로 그리운 얼굴들이 저녁노을에 익고 있다

## 청보리밭

내 아버지 고향 고창에는 4월이면
청보리밭 축제가 열린다
끝도 없이 펼쳐진 지평선 바라보며
초록 물결에 가온길 걸어 가리라던
어린 꿈도 함께 익어간다

비단결 같은 청보리는 황금물결이 되어
살아서 못 먹었던 감투밥 실컷 드시라 하시며
주접스러운 일에 끝자락을 보이며 매듭짓고
그린나래 펼치지도 못하고 꽃가람 건너가셨다

남겨진 숨 하나와 새근거리는 작은 숨들을 안고
청보리밭 고향을 떠나온
홀앉이 30년인 어머니 눈가에
어느덧 가선져서 애처롭다

신 새벽 아침을 향해 희번한 하늘을 바라보며
살아있는 웃음 잠뿍 담아내면
해갈이 하며 찾아오는 새로운 봄에
청보리밭 풋풋한 흙 내음이 서러운 가슴에 머문다

## 설빔

알록달록 색동저고리
빨간 복주머니 안에는 아이의 웃음이 담겨 있다

세상을 다 가진 소리
그 무엇도 부러울 것 없는
해맑음이 설빔에서 빚어나온 빛이다

가을에 잘 익은 알곡 거두어서
내 색동옷 맞춰 주리라던
우리 엄마,
한 이삼 년 더 입으라고
내 몸보다도 긴 소매
한 단 접어 올린다

내가 입었던 색동옷
이제 내 딸아이가 입으면
늘 찾아오는 설빔의 주인은
말 없이 세월을 먹는다

달빛도 없는 정월의 하얀 밤

찬 가슴을 따뜻하게 감싸주는

설빔의 설렘이

철없던 시절로 돌아가고픈 마음은 제자리걸음이다

  제목 : 설빔
시낭송 : 최명자
스마트폰으로 QR 코드를 스캔하면
시낭송을 감상할 수 있습니다

You Tube contents 정책에 따라 영상 재생이 안 될 수도 있습니다.

# 오가다

틈새 사이로 바람이 오가고
그 남자의 눈이 바라보는
그 여자가 화장하는 모습
라일락 향기가 남자 코끝에 머무르네

틈새 사이로 달빛이 길게 누워
그 여자가 노래하는 곳에
그 남자는 시계 추처럼 마음 흔들리고 있네

같은 바람 같은 온기 맴도는
방 틈새 길 한복판에 오고 가는
갈증이 몸풀이를 하네

그 남자 그 여자
눈빛 반짝이며 불이 나면
오가다 부딪히는 바람의 연으로
보도블록 틈새에 노란 민들레 피었네요

## 봄꽃 설렘

먼저 온 봄을 보기 위해
햇살이 더 일찍 발자국 남긴 남촌으로
나도 따라 걷네요

갑자기 불현듯 아무 준비 없이
봄의 꽃들이 수줍은 얼굴을
꽃샘바람에 아랑곳하지 않고
싱그레 웃는 봄 설렘
나도 덩달아 웃어요

그냥 좋은 것도 싫은 것도 없이
본능적인 설렘만 가슴에 묻고
꽃들의 속삭임은 남촌에서 듣네요

참 좋은 날이네요
바람 따라 꽃 따라 내 임 따라
봄 설렘 안고 꽃놀이하네요

# 여름 감자

고향 땅에서
엄마 손길 받아 가며
잘 커온 여름 감자가
상자 한가득 옹기종기 머리 맞대며
우리 집까지 왔다

사과보다도 더 예쁘게 생긴 감자를
한 솥 쪄서 사랑으로 나누면
어린 날이 어느덧 식탁에 앉아 있다

포슬포슬 속살 하얀 감자
달달한 백설탕 뿌려가며
한 입 한 입 떠먹을 때마다
우리 엄마 생각난다

올여름엔 어린 날을 회상하며
아이들에게 감자샐러드로
외할머니의 사랑 녹여 주고 싶다

제목 : 여름 감자
시낭송 : 조한직
스마트폰으로 QR 코드를 스캔하면
시낭송을 감상할 수 있습니다

You Tube contents 정책에 따라 영상 재생이 안 될 수도 있습니다.

# 엄마 우리 엄마

가을밤 풀벌레 우는 밤에
우리 엄마 생각납니다

가득 찬 가을 들판
한쪽 한쪽 쪼개고
한 올 한 올 엮어서
세월에게 아름다운 청춘 주니
지금 이 자리네요

한 많은 세월이 남겨 준
생사 넘는 고갯길
한 컷 한 컷 엮어서
손자 손녀들에게
옛날이야기로 밤 깊어집니다

엄마 품 떠난 자식들 마음에
웃음 덩어리 뭉쳐 주려고
잠 못 이룬 엄마의 하얀 밤
기도 소리 들려옵니다

가을밤 낙엽 지는 밤
쓸쓸한 바람 소리에
우리 엄마 생각납니다

제목 : 엄마 우리 엄마
스마트폰으로 QR 코드를 스캔하면
시노래를 감상할 수 있습니다

You Tube contents 정책에 따라 영상 재생이 안 될 수도 있습니다.

## 좋은 아빠

다람쥐 쳇바퀴 돌리듯
매일 같은 길 걷는 이유는
아빠란 이름을 준 아이들에게
꽃길을 만들어 주고 싶어서
아침엔 해가 되고
저녁엔 달이 됩니다

남자로 태어나서
좋은 아빠 향기를 뿌리면
내 알곡이 토실토실 익고
남자 향기를 뿌리면
천년 지기 아내 얼굴은 꽃이 됩니다

무지개 바람 따라
사계절 세월 따라
여기까지 온 삶,
좋은 아빠로 머무는 자리에
피어난 소금꽃의 노을 진 하루는
새로운 날의 희망을 부릅니다

오늘도 좋은 아빠로

한 울타리에 피어 있는 화초들에게

목마르지 않게 물을 주고 바람 막아주는 일에

발걸음은 쉼 없이 걷고 또 걷습니다


또,

한 줄기 불꽃이 발자국 남기면서

그 누군가의 등대가 되어주는

참 좋은 아빠입니다

# 아버지의 지우개

바람에 흔들리는 어린 나무 한 그루
세찬 비바람에도
울음조차 참아야 했던
아버지의 푸르른 날

어떻게 지금 이곳까지 왔을까
외나무 걷는 심정으로
편한 밤이 없던 우리 아버지

세월 속에 어린 날이 찾아와
투정 부리는 노송 한 그루
아버지의 기억은 지우개가 되어 희미해지네요

아픈 상처 지우려고
이제까지 써 왔던 좋은 추억마저
지우고 계신 우리 아버지
슬픈 웃음이 눈물 그림자 되어 세월에 흔들리네요

 제목 : 아버지의 지우개
스마트폰으로 QR 코드를 스캔하면
시노래를 감상할 수 있습니다
You Tube contents 정책에 따라 영상 재생이 안 될 수도 있습니다.

# She's beautiful

Plumping dark green plum
shake in a west wind,
all world are light green yellow and
happy in a vase smell in the window.

Dispelling of happiness on her apron
Just exciting with my heart.
Today as well beloved for them
Cooking she's beautiful.

Beyond the windows ocean blue resemble
looking at the shy.
Delicate the aroma of coffee if you run to love
Today also in apron
Hide of love
She is more beautiful of happiness.

제목 : She's beautiful
스마트폰으로 QR 코드를 스캔하면
시노래를 감상할 수 있습니다
You Tube contents 정책에 따라 영상 재생이 안 될 수도 있습니다.

## 여름 햇살을 보니

초록 물결에
강한 햇빛이 반짝일 때
우리 엄마 들에 나가시어
온종일
땅 일구며 씨뿌리고 세월을 노래했다

초록 초록한 아침 하루에
강아지와 산책하다 문득,
바닥에 감꽃 떨어져 있는 걸 보곤
우리 엄마 생각에 찔레꽃 향기 머문다

계절 따라서
엄마 모습 빛바래 가고
어린 날 추억은 여름 초록 물결처럼 짙어만 간다

휘어진 중심축
곧추세우며
뜨거운 태양이 머무는 곳
밭으로 향하실 우리 엄마
또 세월을 노래한다

# 그냥 좋다

아침에 커피는 그냥 좋다
내 기분이 좋아 좋은 것이고
좋다는 건 마음이 평온하다는 것이고
평온할 때 찾아온 생각은
좋은 생각이며
그 안에는 분명 니가 있을 것이다
커피 한 잔에 생각나는 사람
그 사람이 그리운 사람이고
보고 싶은 사람이겠고
좋은 사람일 것이며
사랑을 나누고 싶은 사람이겠지
그 사람은 커피향을 닮아
그냥 좋다

# 우중(雨中) 연가

장대비 내리는 7월의 소풍
나뭇잎 위에 바닥 위에 지붕 위에 톡,톡
어제의 더운 숨결을 씻어주는 빗소리
마음속에 맑게 울려 퍼지네요

비가 사랑 되어 속삭여주네요
젊음의 이야기처럼 싱그러운 여름비
온 대지를 적시는 물결
그 안에서 꿈꾸는 오늘의 우리

비야 비야 여름비야
내 마음속 노래를 불러줘
꽃이 피고 숲속에 새가 날면
내일의 새로운 이야기가 시작되네요

갈증을 채우는 대지의 선물
비가 그대 이름을 불러
물방울에서 피어나는 초록빛 그리움이
짝을 찾는 새들의 노래로
7월 사랑은 춤을 추네요

비야 비야 여름비야
내 마음속 노래를 불러줘
7월의 연가를 부르네요

제목 : 우중(雨中) 연가
스마트폰으로 QR 코드를 스캔하면
시노래를 감상할 수 있습니다
You Tube contents 정책에 따라 영상 재생이 안 될 수도 있습니다.

# 라면 송

입맛 없을 때
밥 맛 없을 때 찾는 메뉴
최고의 외식거리 언제나 넌. 와우
라면이 최고야 믿어봐

야외에서도 너만 있으면 돼
물만 부으면 초고속 행복 레시피
허전한 밤 땡초라면이 채워줘
끓는 물속 출렁거리는 너의 춤사위에 빠져

라면 라면이 좋아 너무 좋아
오늘도 라면 내일도 라면
너라면 젤 좋아 완벽해 너라면

국물 없이 즐기는 볶음 라면
달달구리한 매력이 있지
땀 흘린 뒤에 시원힌 냉 라면

밤이 깊어도 라면은 깨어있고
외로운 날에도 라면은 늘 내 곁에 있어
너와 함께라면 괜찮아
너라면 더 바랄 게 없잖아
이렇게 행복하잖아

너와 함께 라면 너라면

제목 : 라면송
스마트폰으로 QR 코드를 스캔하면
시노래를 감상할 수 있습니다
You Tube contents 정책에 따라 영상 재생이 안 될 수도 있습니다.

# 겨울아이가 온다

강사랑 제3시집

2025년 6월 13일 초판 1쇄
2025년 6월 17일 발행
지 은 이 : 강사랑
펴 낸 이 : 김락호
디자인 편집 : 이은희
기 획 : 시사랑음악사랑
연 락 처 : 1899-1341
홈페이지 주소 : www.poemmusic.net
E-Mail : poemarts@hanmail.net

정가 : 15,000원
ISBN : 979-11-6284-594-3

저작권자와 맺은 특약에 따라 검인은 생략합니다.
잘못된 책은 교환해 드립니다.